COMPLETAMENTE TÚ

ExLibric

NURIA DELGADO

COMPLETAMENTE TÚ

EXLIBRIC

ANTEQUERA 2025

COMPLETAMENTE TÚ
© Nuria Delgado
Diseño de portada: Dpto. de Diseño Gráfico Exlibric

Iª edición

© ExLibric, 2025.

Editado por: ExLibric
c/ Cueva de Viera, 2, Local 3
Centro Negocios CADI
29200 Antequera (Málaga)
Teléfono: 952 70 60 04
Fax: 952 84 55 03
Correo electrónico: exlibric@exlibric.com
Internet: www.exlibric.com

ISBN: 979-13-87944-92-6
Depósito Legal: MA 1756-2025

Impresión: PODiPrint
Impreso en Andalucía – España

Nota de la editorial: ExLibric pertenece a Innovación y Cualificación S. L.

NURIA DELGADO

COMPLETAMENTE TÚ

Agradecimientos

Completamente tú nace gracias al apoyo incondicional de mis amigas: Eva, Dàlia, Cris C., Natalia, Cris G., Raúl, Ana, María, Marina y Carlota. Gracias por acompañarme, por escucharme y por recordarme quién soy cuando más lo necesitaba.

A Judith, mi pareja: has sido la fuente de mi inspiración, que le ha dado sentido a este proyecto. Tu amor, tu paciencia y tu forma de mirar el mundo me impulsaron a escribir cada página.

A mi familia: mis padres, Manolo y Montse; mi hermana, Cristina; mis tíos, Mabel, Dani, Silvia y Joan; mis primos, Pau, Anna, Joel y Nil, y mi *iaia* Teresa. Gracias por estar siempre ahí, por vuestro cariño sin condiciones y por creer en mí.

Os quiero. Este libro también es vuestro; lleva en sus páginas un pedacito de cada uno de vosotros.

Índice

HOY TE HE VISTO CRUZAR LA CALLE

Llevabas esa camiseta
que tanto me gustaba
cuando te la ponías.
Seguías teniendo
la misma sonrisa
de siempre,
y cuando te envolvías entre la gente,
hubiera sido capaz
de encontrarte,
hasta con los ojos cerrados.
Te he visto y…
siempre tú.
TÚ.

AL CERRAR LOS OJOS

Vuelvo al interior
de tus brazos
y me envuelven
como si no
quisieran irse
nunca.
Vuelvo al interior de tus ojos
y cuando se clavan en mí,
sé lo que me quieren decir.
Me gustaría decirte
tantas cosas
que no sé
ni por dónde empezar.
Pero quiero que sepas
que lo que he encontrado en ti
no lo he encontrado
en nadie
más.

RELOJES

(Instrumento que sirve para medir el tiempo)

El día en el que descubras
que somos quienes
no entendemos de relojes,
de tiempo.

Que somos esas que hablan en silencio,
porque el silencio
también dice muchas cosas.

Que somos quienes
volamos,
en la misma sintonía,
y con los mismos pasos
al caminar por la arena.

Que somos las de pura carcajada
cuando las cosas
son siempre nuestras
y cuando el mundo
sabe que las merecemos.

SIEMPRE SERÁS TÚ

Enseñarme a comprender
el significado
de la palabra «amor».
Encontrar todo lo que quería
en alguien que es
un sí a todo
constante.
¿Suerte o tregua?
Nunca supe, sé ni sabré
explicar lo que siento
cuando te tengo delante.
Qué bonito ha sido
el haberte conocido.

INTERPRETAS MI DIBUJO

Ojalá todo fuera tan sencillo.
Las nubes son capaces
de dibujarse
en el cielo y tú,
tú eres capaz de interpretar el dibujo.
Y yo,
que pienso que quiero verte
de todas las formas posibles.
Interpretando las nubes
con su dibujo marcado.
Sentarnos en el suelo
y ver llover siendo
silencio.
Recostarte en mi hombro
y pensar que volveremos a ser
las que fuimos
siempre.

LAS COSAS CON AMOR

Cuando haces las cosas
con amor,
y pensando en ti,
tú nunca
pierdes.
Quedarte
con la paz,
la tranquilidad
de haber hecho lo correcto
es el mejor sentimiento
que hay
en ti.
Eres tú mejor compañía,
porque, al final,
siempre vas a tenerte
a ti.

LIBERTAD

(Capacidad humana de actuar por voluntad propia, sin que se le imponga la dirección)

El amor es libertad.
Volar hacia unos brazos,
porque quieres que sean ellos
quienes te abracen.

Remar hacia la misma dirección
sin esperar nada a cambio,
y todo lo que te llegue
sea suficiente para ti,
que sea todo lo que quieres.

No prometer nada,
pero cumplir con todo.
Merecernos mutuamente
y querer ser toda la vida.

TÚ MISMA

Saber que siempre
te tendrás a ti.
Que nunca encontrarás a nadie
que te haga más feliz que tú
a ti misma.

Saber que siempre
estarás para ti,
sumando momentos,
y aunque a veces cueste,
sabes que siempre
te tendrás.

Siempre,
siempre.

MIRADAS

(Acción y efecto de mirar, vista)

Las miradas
enganchan.
Mucho más que las palabras,
las promesas e, incluso,
las despedidas.

Las miradas hablan,
en silencio.
Las miradas chillan
todas las palabras
que hay en el mundo.

Y saber así
que queremos mirarnos siempre,
a favor de todo
y de todos.

QUIERO QUE ESTÉS

Apoyada en tu hombro,
mientras el sol se desvanece.
Y sentir que tengo suerte de respirar
paz
contigo a mi lado.
Acariciarte la nuca
es calma en la inmensidad de tus ojos
grandes y brillantes cuando nos miramos.
Tocar el cielo mientras sonrío al verte,
y girarme cuando te vas,
porque no quiero que te vayas,
ni siquiera cuando aún no te has ido.
Entender que eres para mí
como mirar al mar,
tumbarme en la arena y recorrer media playa
escuchando cómo rompen
las olas.
Y es entonces cuando entiendo
que no quiero
que se acabe
nunca.

UNA Y MIL VECES

Como nunca y como siempre a la vez.
De diciembre hasta enero
todos los años de mi vida.
Perdernos por Barcelona,
mil veces sí.
Pensar que contigo
puedo ser.
Y que no hacer nada
a tu lado
lo haría una y mil veces más.
Porque eres tú.
Pero, sobre todo,
porque puedo ser yo.

A CADA CANÇÓ

Escoltar-te a cada cançó
sabent que la melodía
em porta cap a tu.
Trobar-te a cada record,
a cada tecla del piano.
Cercar-te a cada lloc,
a cada posta de sol i
a cada racó d'aquest món.
I, encara sense parlar,
estar parlant també.
Perquè el silenci
diu moltes més coses
que les paraules.

PLACERES

(Disfrute producido por la realización o la percepción de algo que gusta)

Estamos entre la arena
y el olor del mar de invierno.
El ruido del agua chocar
con las rocas y sentir
tu respiración en medio
de la inmensidad del silencio.
Saber que contigo siempre.
Al ver atardeceres,
pájaros volar,
sentir la brisa del aire
con el contacto de nuestras pieles.
Querer plasmarlo con palabras
y entender
que no se va a entender
como se vive
en la realidad.

Tu expresión

La mirada de alguien
tiene el valor de hablar más
que cualquier palabra.
Una mirada
huele a casa,
a sentirte a gusto
y en paz.
Porque sabemos
que no hacen falta las palabras,
para saber qué pensamos
de nosotros.

ENCONTRARTE

(Dar con alguien o algo sin buscarlo)

en todos los sitios del mundo.
Querer recorrer contigo
cada rincón
por pequeño que sea.
Cogerte la mano y correr
hasta tocar el mar,
con una puesta de sol,
donde las olas
se nos queden pequeñas
a nuestro lado.
Hacerlo inesperadamente,
sin esperar nada a cambio.
Esto es verdad,
el amor.

HILO ROJO

(Leyenda que simboliza la conexión predestinada entre dos personas a través de un hilo invisible, que representa los lazos del destino)

Atado a nuestros dedos
durante muchos años.
¿Coincidir?
Sin mirarnos.
Destinadas,
juntas,
irremplazables,
irrompibles.
¿Leyenda? No.
Realidad.
Estar y querer estar(lo),
besar y querer besar(te),
querer y saber querer(nos).
Eso es lo que somos,
amor.
Un hilo rojo
del que no podemos
desprendernos nunca.

22 VECES TÚ

Cada diciembre, cada año,
cada fin de semana inesperado,
cada encuentro que parece casual
y termina siendo destino.
Cada rincón, cada lugar de la Costa Brava,
cada sitio del mundo
que se vuelve nuestro.
Pasear por las calles
de Barcelona,
de Madrid,
de las Islas Baleares.

Perdernos en Lyon,
en Milán,
en Venecia,
en Colonia,
Sentir la brisa en Marsella,
la luz en Niza…
Y, aun así,
no importa el lugar,
porque contigo todo se vuelve viaje,
se vuelve hogar.
22 veces sí.
22 mil veces contigo,
y las que aún nos quedan:
una eternidad de paisajes,
de risas,
de pasos compartidos.

Todo cabe en un verso

Un verso contiene la marea,
la inmensidad del océano.
En un verso
también caen las huellas de lágrimas,
donde te reflejas en unos ojos
cristalinos, verdosos.
En un verso
te refugias en las palabras
para contar tus historias.
En un verso
haces magia
en la realidad y en la ficción.
Cuentas melodías,
narras expresiones,
y todas ellas
caben en un mismo
verso.

ENTRE TUS MANOS

Me quedaría a vivir
eternamente.
En ellas
caben mis miedos
y hay espacio para ellos.
Para arroparme,
apoyarme y sostenerme
cuando sienta
que todo puede conmigo.
Entre ellas
caben mil sonrisas,
momentos irremplazables
construidos
juntas.
Entre ellas
están todos los besos,
todas las miradas cómplices,
todos los perdones.
Me quedo aquí.

ERES MÁS DE LO QUE CREES

Solo hace falta creértelo.
Resonando en mí,
desde que tengo
uso de razón.
Repitiéndomelo
y memorizando cada letra de la frase.
Condenada a creerme
que puedo hacer más
de lo que pienso,
aunque, a veces,
no sea así.
El apoyo de mi alrededor.
Mi gente,
mis manos invisibles,
que me levantan
cuando me olvido de quién soy
y me recuerdan
que no camino sola.

LO QUE CALLA LA PIEL

no necesita voz.
Es un incendio mudo,
un lenguaje de latidos
del corazón.
Es un temblor que recorre
cada frontera invisible
hasta poder llegar a ti.
Lo que calla la piel
es la voz del alma.
Es un eco secreto
que respira hacia adentro.
Todo lo que calla
es una raíz oculta
que nos recuerda
que seguimos vivas.

DORMIR EN LA CURVA DE TU SILENCIO

Entre tus sombras calladas,
mi cuerpo reconoce tu voz.
En tu silencio habita
un universo que me encanta entenderlo
sin siquiera hablarlo.
Y es ahí cuando me permite
acurrucarme entre ti,
contigo.
Me acurruco
entre la curva de un silencio que grita:
«No te vayas nunca
de aquí».

COMPLETAMENTE TÚ

Todo es completamente tú.
La luz que aparece en la mañana,
el alivio que se acurruca en mi pecho,
el pulso que me recuerda que estás conmigo.
Tus gestos, tu risa,
tus maneras de entender las cosas…
Cada rincón que creía que estaba vacío
se llena con tu nombre,
con tu esencia,
con todo lo que eres.
Ya no existen las pausas,
no hay espacios
que no me devuelvan a ti.
Porque incluso cuando cierro los ojos,
estás ahí,
completamente tú,
y yo aprendo a ser
yo.

TE PIENSO EN CADA ATARDECER

En cada atardecer
te dibujo en el cielo,
como si él supiera
que estás aquí conmigo.
El atardecer se desvanece
Lentamente,
y en su incendio callado
escucho tu voz
rozando mi silencio.
En cada atardecer
te pienso
y me pienso,
contigo siempre.

No se acabará nunca

Que no se acabe nunca
la forma en la que nos miramos.
Como si en nuestros ojos
pudiera empezar el mundo.
No se acabará nunca
el calor de tus manos,
el viaje de tu risa
que hace eco en el cielo.
No se acabará nunca
este instante
llamado vida,
donde el tiempo se rinde
y solo existe
el amor.

CONSTRUYENDO EL AMOR

Aquí estamos,
una al lado de la otra,
sabiendo que querer
es cuidar.
Colocando los cimientos
en la confianza,
levantando las paredes
con el respeto
y sosteniendo el techo
con risas ligeras.
Añadiendo día tras día
un ladrillo,
un gesto, una palabra,
una promesa, un silencio compartido,
un beso, muchos «te quiero».
Y en este refugio,
que no deja de crecer,
habitamos tú y yo,
construyendo el amor,
que sí que será
eterno.

Calma en el alma

Después del ruido,
después de la tormenta,
se abre un silencio
que no pesa,
que abraza.
No hace falta nada más:
un respiro,
una certeza
y calma en el alma,
como si todo
volviera a empezar.

DISEÑANDO UN PLAN

Trazamos mapas con las manos,
dibujamos caminos invisibles
donde tus pasos y los míos
se encuentran sin perderse.
Soñamos casas llenas de risas,
viajes que el tiempo no borra,
y en cada línea que inventamos
habita la certeza
de que este plan
es nuestro,
y siempre juntas.

MI FAMILIA

(Grupo de personas unidas por lazos de sangre, que comparten un vínculo emocional, cumplen una función social de cuidado)

En las risas que resuenan en casa
en la cena de Navidad,
hay catorce abrazos que me sostienen,
como columnas invisibles
que levantan mis días.
Hay muchas historias repetidas
mil veces,
que siempre nos harán reír,
aunque ya sepamos el final.
Hay miradas cómplices con mis tíos,
secretos sin palabras con mis padres,
muchos «te quiero» que nunca se cansan
de aparecer en la voz de mis primos,
en la risa de mi hermana.
Y cuidándonos a todos
están mis abuelos,
que siguen aquí,
aunque vivan ahora
en la memoria que nos une,
en el gesto cotidiano
que todavía nos recuerda a ellos.
Mi familia es todo eso
y mucho más;

un caos dulce,
un refugio cálido,
un lugar donde el tiempo
no pasa deprisa.
Es el sitio al que siempre regreso,
la raíz que me sujeta,
el hogar donde siempre,
siempre quiero estar.

BARCELONA

Carrers que murmuren històries antigues,
rambles que bateguen amb passos i riures,
el mar abraçant el port
i el sol pintant les façanes de Gaudí.
Ciutat de llum i ombra,
de cafès on el temps es detèn.
Barcelona, ànima que respira
entre somnis, mosaïcs i mar.

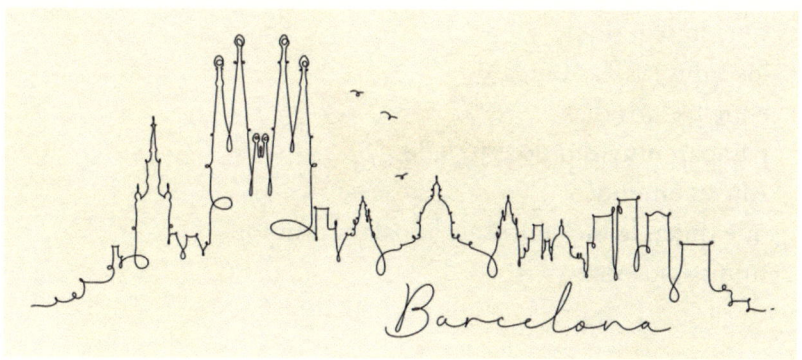

No te busqué

No te busqué y, gracias a eso,
me encontré.
Tropecé contigo
como quien tropieza con la suerte.
Y fue ahí
cuando empecé a darle
todo el sentido del mundo
a la palabra «amor».
Fue ahí
cuando entendí
que no necesitaba tu mano,
pero sí la quería.
Que las letras de las canciones
daban sentido a las ganas
de que todo saliera bien.
Que lo segundos,
los minutos, las horas
e incluso los días
pasaban muy rápido a tu lado.
Ahí ya entendí
que quien le dio sentido a la palabra «amor»
fuimos nosotras.

Sobre l'amor

Recolzada a la teva espatlla,
mentre el sol s'esvaeix.
I sentir que tinc sort al respirar pau amb tu al costat.
Acaronar-te el clatell mentre condueixes
és calma en la immensitat dels teus ulls
grans i brillants al mirar-nos.
Tocar el cel mentre somric al veure't
i girar-me quan te'n vas perquè no vull que marxis
quan encara no has marxat.
I entendre que ets per a mi
com veure el mar.
Estirar-te a la sorra i recórrer mitja platja
escoltant les onades trencar-se.
I allà és quan entenc
que no vull que t'acabis
mai.

Enseñarme a comprender

El significado de querer bien.
Encontrar todo lo que quería en alguien,
sin esperar nada a cambio.
Hacer las cosas por amor
y actuar sin pararte a pensar
que el amor
genera amor,
aun sin buscarlo.
Entender que cuando hay amor,
a veces hay miedo, pero no hay dolor.
Y quieres estar,
pero, sobre todo,
quieres ser.

VEN CONMIGO

donde el horizonte no ponga fronteras,
donde el tiempo se rinda
y la vida se haga ligera a tu lado,
a nuestro lado.
Ven conmigo,
sin mapas ni relojes,
con la risa como guía
y el amor como destino final.
Ven conmigo,
porque el camino más bonito
solo existe
si lo andamos juntas.

LYON

Con la risa marcando el rumbo
y la sorpresa en cada esquina de las calles.
En el centro de Lyon,
entre plazas y calles que hablaban en susurros,
descubrimos que no hacía falta brújula;
nos bastaba con mirarnos
para saber dónde teníamos que ir.
En Grenoble entendimos
que el amor también se mira en las montañas,
que el frío se vuelve cálido
cuando las manos se encuentran.
Fue allí donde comprendimos
que el verdadero viaje
no estaba en la ciudad,
sino en nosotras.

Un poco más que ayer

Aunque ayer ya era tanto,
aunque ayer ya creía
que no cabía más en mi pecho,
hoy descubrí
que el amor no se mide,
se expande como los destellos de luz
cuando entran por la ventana:
cada día más,
un poco más que ayer.

Haz que merezca la pena

Cada día que amanece,
cada palabra que decimos,
cada silencio que compartimos.
Haz que merezca la pena
el viaje, la espera, la herida,
porque contigo
todo se vuelve razón,
todo encuentra sentido.
Haz que merezca la pena,
amor,
vivir esta vida
contigo al lado.

GRACIAS

(Agradecimiento que sale del corazón)

por cada risa compartida,
por cada abrazo que llegó a tiempo,
por las palabras que curaron mis silencios
y las miradas que hablaron sin hablar.
Gracias por estar,
por sostenerme cuando dudé
de mí misma,
por recordarme que la vida
tiene sentido contigo al lado.
Gracias,
porque en lo simple y en lo difícil,
en lo frágil y en lo eterno,
siempre tengo tu nombre.

Y ES BONITO

cuando tus ojos me encuentran
y el mundo se hace pequeño
solo para nosotras.
Y es bonito
escuchar tu risa en el silencio,
sentir que cada gesto
se convierte en hogar.
Y es bonito
saber que, aunque nada sea perfecto,
todo lo que vivimos
vale más de lo que imaginé.

Nuestra propia canción

Cada mañana empieza con tu risa
y cada tarde se despide con tu mirada.
Entre cafés, silencios y pasos compartidos
se ha ido tejiendo nuestra propia canción.
Hay acordes que nacen de nuestras locuras,
de bromas que nadie más entendería,
y versos que solo existen en los brazos
que guardamos cuando el mundo se olvida.
Hemos bailado en calles desconocidas,
cantado bajo la lluvia de agosto,
y descubierto que los momentos sencillos
son la armonía que siempre buscamos.
Nuestra propia canción
no necesita escenarios ni aplausos;
vive en las miradas que se cruzan,
en los murmullos que no se dicen,
en la certeza de estar juntas
y en cada risa que hace temblarnos el corazón.
Cada día añadimos un nuevo compás,
cada recuerdo, una nota que perdura,
y aunque el tiempo pase y el mundo cambie,
nuestra canción seguirá sonando,
porque la escribimos nosotras,
con las manos, con el alma
y con todo el amor que nos cabe.

TODA LA VIDA

Quiero que me recuerdes
en las mañanas de domingo,
en los cafés con leche y hielo,
en las calles que aún no hemos recorrido.
Quiero caminar contigo
por senderos que no existen,
y que cada paso que demos
sea un pacto silencioso
de estar juntas toda la vida.
Quiero que rías conmigo
hasta que te duela el estómago,
y que lloremos también,
porque las lágrimas enseñan
y hacen que el abrazo valga más.
Toda la vida quiero
escuchar tu voz en mis días,
sentir tu mano buscando la mía
y descubrir, una y otra vez,
que el amor no se agota,
que se reinventa,
y que siempre encuentra la forma
de ser más grande que antes.

Nuestra historia

Sabes que somos cómplices,
compañeras, refugio,
y que incluso cuando el tiempo nos cambie,
nuestra historia seguirá intacta
en cada risa,
en cada mirada,
en cada latido.
Porque querer no es solo el ahora;
querer es prometer sin palabras,
es soñar con los ojos abiertos,
es decidir todos los días
elegirnos…
toda la vida.

TE LO DEDICO

A ti.
A tus abrazos que me sostienen,
a cada silencio compartido
que me enseña a escucharte mejor.
Te lo dedico,
a los momentos que nadie ve,
a los recuerdos que guardamos
y que hacen que todo valga la pena.
Te lo dedico,
porque todo lo que soy
quiero que lo lleves contigo,
y que sepas que siempre
habrá un lugar en mí
para ti.

Luz en el mar

Hay un instante
en que el sol se quiebra sobre las olas,
y todo el horizonte se tiñe
de oro y de plata.
Es ahí donde respiro,
donde siento que todo es posible,
que cada ola que rompe
lleva consigo un secreto,
un deseo, una promesa.
La luz en el mar me recuerda
que incluso en la inmensidad
hay un refugio,
un punto de calma,
un destello que guía mi mirada
hacia el sí a todo.
Y cuando cierro los ojos,
imagino tus manos
rozando la espuma de las olas,
y entiendo que la luz en el mar
no solo existe fuera;
vive también dentro de nosotras,
en cada abrazo,
en cada momento que decide quedarse
para siempre.

NECESITO AZÚCAR

Andábamos,
tus pasos volaban, los míos tropezaban,
y yo, necesitando azúcar.
Te giraste, riendo,
y en ese momento entendí
que no era cansancio lo que sentía,
sino amor a cada paso,
y que contigo
incluso una caminata agotadora
se convierte en nuestra dulce historia.

CUIDO MI CAMINO

como se cuidan las flores al sol,
regándolas por las mañanas;
como se protege un río de piedras
que lo detienen.
Cada paso que doy
lo observo, lo abrazo, lo aprendo,
porque sé que mis huellas
dibujan mi historia,
mi presente y mi rumbo.
Cuido mi camino
y en esa calma
encuentro fuerza,
libertad
y paz.

TU VERDAD

No escondas tu verdad,
aunque tiemble o duela,
aunque el mundo no la entienda.
Tu verdad es luz
que atraviesa la sombra,
es fuerza, es libertad,
es la voz que te hace única.
Cuando la escuchas y la abrazas,
cada paso se vuelve firme,
cada silencio, honesto,
y cada día,
nuestro.

TODAS LAS VECES

Todas las veces que me has mirado,
que hemos reído juntas,
todas las veces que me tomaste de la mano
y el mundo pareció detenerse
quedarán guardadas para mí,
como tesoros invisibles,
como la veracidad
de que siempre hay algo
que vale la pena recordar contigo.

MI MEJOR ELECCIÓN

Entre todos los caminos que podía tomar,
entre todas las palabras que podía decir,
entre todos los días que podía vivir,
elegí encontrarte.
Y no me arrepiento ni un instante,
porque tu calma, tus ganas de hacerlo bien,
tu mirada que me entiende
hacen que cada paso haya valido la pena.
Tú eres mi mejor elección,
mi certeza en medio del caos,
mi alegría constante,
mi sí a todo,
y mi hogar, donde siempre quiero volver.

:)

No necesito palabras largas,
ni promesas eternas,
solo tú y yo,
y :), que nos entiende.
Una sonrisa que guarda
todos nuestros secretos,
todos nuestros días felices,
y cada instante donde el amor
se hace simple,
pequeño,
bonito.
Contigo aprendí
que a veces un gesto
vale más que mil palabras,
y que nuestro amor
vive aquí.

Nuestras ganas de que salga bien

No importa cuántas veces tropiece el plan,
ni cuántas dudas se asomen al camino.
Lo que importa son nuestras ganas
de que salga bien,
el abrazo reparador,
la veracidad de que juntas
podemos hacerlo todo.
Cada intento se vuelve victoria
cuando lo hacemos con el corazón abierto,
y cada paso, aunque sea pequeño,
es un reflejo de nuestro amor
y de nuestras ganas de que todo
salga bien.

SENSACIÓN

(Recepción de estímulos)

Hay una sensación
que me envuelve cada vez que te miro,
como si el mundo se hiciera pequeño
y solo existiéramos tú y yo.
Es la calma en medio del ruido,
el calor que recorre la piel,
el saber que todo está estable
cuando estás cerca,
y que la vida
siempre sabe un poco mejor contigo.

SÉ QUE ESTÁS AQUÍ

Aunque no te vea,
sé que estás aquí,
en el latido que me acompaña,
en el silencio que me arropa,
en cada recuerdo que me sonríe.
Sé que estás aquí
cuando el miedo quiere quedarse,
cuando la risa se escapa,
cuando la vida pesa un poco más
y, de repente, todo tiene sentido,
porque sé que estás aquí,
y eso basta.

Punto y seguido

La vida no termina aquí,
solo hace una pausa,
un respiro entre comas,
un punto y seguido.
Cada error, cada acierto,
cada instante juntas,
cada abrazo que me sostiene,
es parte de la historia que continúa,
sin final, siempre abierta,
lista para ser escrita
con nuevas palabras,
con nuevas ganas,
con todo lo que aún nos espera.

Cerca de la luna

Caminamos despacio,
lentamente.
Y aunque los pies tocan la tierra,
siento que estamos cerca de la luna.
Tus manos rozan las mías
y, de repente, todo se eleva:
las risas se vuelven estrellas;
los susurros, constelaciones.
Cerca de la luna,
cada momento parece infinito,
cada mirada, un viaje,
cada abrazo, un universo
donde solo existimos tú y yo.

A CORAZÓN ABIERTO

Te entrego todos mis miedos,
inseguridades, silencios,
lágrimas y gritos,
y todo lo que no sé decir con palabras.
A corazón abierto
camino contigo por la vida,
sin máscaras, sin reservas,
sabiendo que cada abrazo
es un pacto de confianza,
y cada mirada, un hogar.
A corazón abierto
quiero todas tus imperfecciones,
tu risa que me sacude,
y hasta tus silencios,
porque todo de ti
me enseña a ser mejor,
me enseña a vivir
a corazón abierto.

HACES QUE ME QUIERA QUEDAR

No necesito más razones
cuando estás cerca:
tu risa, tu mirada,
la manera en la que tus manos
encajan con las mías
a la perfección…
Haces que me quiera quedar.
Cada momento contigo
se convierte en hogar.
Cada silencio compartido
es un abrazo que no quiero soltar.
Haces que me quiera quedar
y que cada despedida
se vuelva pequeña
frente a la fuerza de tenerte presente.

SOFÁ Y MANTA

Nos acurrucamos en el sofá.
El mundo fuera puede esperar.
La manta nos envuelve
como un abrazo que no hace falta decir.
Tus risas llenan la habitación,
tu calor se queda en mi piel
y, en ese instante tan simple,
descubro que todo lo que necesito
es sofá, manta
y estar contigo.

LA VIDA ES ASÍ

Llena de risas inesperadas
y de silencios que pesan.
Es un camino de aciertos y tropiezos,
de abrazos que curan
y de despedidas que enseñan.
La vida es así,
y, aun así, sigo caminando,
apreciando los días soleados,
las tormentas en la calle
y celebrando cada momento
que me regala estar aquí.